Suzanne Rominger

Prom'nons-nous dans les contes

SOMMAIRE

Suzanne Rominger

Quand elle était professeure de lettres, Suzanne Rominger a réussi à intégrer le théâtre dans son enseignement. Dans les groupes qu'elle animait, dans son collège ou en MJC, elle a toujours préconisé la participation active de ses jeunes comédiens, et c'est avec leur complicité qu'elle a créé *Prom'nons-nous dans les contes*. Actuellement, elle consacre une partie de son temps à écrire : théâtre, nouvelles, pédagogie...

Conception : Sarbacane
Réalisation : Arts Graphiques Drouais
Illustrations : Stéphane Sénégas

N° de projet : 10239369 – Dépôt légal : janvier 2014
Achevé d'imprimer en France en septembre 2017
sur les presses de de la Société nouvelle Clerc, 18200 St Amand Montrond
N° d'impression : 14542

MIXTE
Papier issu de sources responsables
FSC® C022030

Prom'nons-nous dans les contes

Les personnages et les costumes

Chaperon rouge : délurée et sportive, elle porte un short et un tee-shirt rouge, des baskets et un béret rouge.

La mère : petite-bourgeoise, elle est vêtue d'un petit tablier à volants très bien repassé et tient un plumeau ou un torchon à la main.

Loulou-la-Bécane (Loulou) : loubard en jean, blouson de moto et rangers ; le casque est facultatif (il peut avoir été laissé sur la moto).

Belle au bois dormant : « déphasée » mais très « princesse », elle porte une longue robe, si possible d'époque (XVIIe siècle).

Chat botté : très poli et inquiet, il porte cape, bottes, queue, oreilles, grand col (comme dans les illustrations du conte).

Perrault : en costume et perruque du XVIIe siècle, il parle la langue de cette époque ; si possible, l'acteur est un peu plus âgé (il doit être capable de retenir et dire des alexandrins, soit d'un ton naturel, soit d'un ton ronflant suffisamment « faux » pour qu'on sente l'outrance).

Peau d'Âne : couverte d'une (fausse !) peau très sale, pieds nus.

Petit Poucet : il porte une casquette à l'envers, un jean déchiré, une chemise ou un tee-shirt très usés, des baskets trouées sans lacets (ou pieds nus).

La grand-mère : d'une élégance un peu exubérante pour son âge, elle porte des lunettes et un chapeau assez voyants ; elle a un gros pansement au pied et une béquille.

Le grand frère de Poucet : comme Poucet, mais un peu plus sérieux. (Le rôle, très succinct, peut convenir à un élève ayant des problèmes de mémoire.)

Les accessoires

Quelques « bidons » pour tambouriner (facultatif).

Un punching-ball, des gants de boxe.

Un faux billet de 50 euros.

Une longue liste de courses.

Un casque de moto (facultatif).

Un jeu électronique.

Des sacs de courses Mégamiam.

Un portefeuille (dans la poche du blouson de Loulou).

Un GPS.

Un rouleau de papier (type parchemin) et une plume d'oie.

Une valise.

La bande son d'une version instrumentale de *Z'avez pas vu Mirza* de Nino Ferrer.

Les décors

Le jardin du Petit Chaperon rouge : au fond, un grand panneau avec des arbres ; côté cour, des haies et une clôture, de la pelouse et des fleurs ; à l'avant, un punching-ball sur pied où sont accrochés des gants de boxe ; côté jardin, une partie de la façade de la maison d'où sortira la mère, et des plantes vertes devant les fenêtres, un arrosoir, un banc (réels ou peints sur le décor).

Le parc du Bois-Fleuri : au fond et côté cour, les mêmes panneaux que pour le jardin du Petit Chaperon rouge ; côté jardin, le panneau est retourné : on y voit une rue derrière une palissade ; à l'avant, un banc public et une ou plusieurs chaises de jardin.

La musique et les bruitages

Au début de la pièce, quelques comédiens qui ne sont pas encore habillés et maquillés peuvent exécuter, sur l'avant-scène, une danse très « rap » sur l'air de *Prom'nons-nous dans les bois*. Ils peuvent être accompagnés par des percussions sur des « bidons ».

Des musiques et des bruitages sont proposés au début de chaque scène.

SCÈNE 1

Chaperon rouge s'exerce au punching-ball dans son jardin. Musique assourdissante, très moderne.

La mère, *appelant.*

Chaperon rouge ! *(En détachant chaque syllabe.)* Cha-pe-ron rou-ge !

Chaperon rouge, *furieuse.*

Zut, zut et rezut ! Qu'est-ce qu'il y a encore ?

La mère, *minaudant.*

Où es-tu ma poupée ? Petit Chaperon rouge...

Chaperon rouge, *très agacée.*

Ici, au punching-ball ! *(La mère arrive et arrête la musique.)* Et puis cesse de m'appeler comme ça ! C'est d'un ringard !

La mère, *déçue.*
Oh, mais... mon poussin, c'est si charmant... ! Et cela fait tellement plaisir à ta grand-mère ! Tu sais, c'est elle qui t'a baptisée comme cela quand elle t'a offert ton ravissant béret rétro !

Chaperon rouge, *dégoûtée.*
Ah oui ! tu parles d'une horreur !

La mère, *un peu vexée.*
À propos de ta grand-mère : elle vient d'appeler. Elle s'est foulé la cheville en dansant le rock hier soir, à la soirée du club des Fringants Retraités... Alors elle ne peut plus faire ses courses. Et comme elle n'a plus une miette de beurre dans son frigo, plus de gâteaux, plus une goutte de whisky... plus rien quoi, eh bien... elle compte sur toi ! Tiens ! *(Elle lui tend un billet et la liste des courses.)* Voilà un billet de 50 euros et la liste des commissions. Tu vas aller au supermarché Mégamiam et lui rapporter tout cela.

Chaperon rouge, *ronchonnant.*
Maman ! J'ai mon championnat de boxe française la semaine prochaine ! Il faut que je m'entraîne !

La mère, *furieuse.*
Tu es bien assez entraînée comme cela !... *(Elle essaie de lui enlever le punching-ball, le prend dans la figure...)* Un vrai garçon manqué ! Regardez-moi ça ! Ça n'a plus rien d'une petite fille, ça ! *(Chaperon rouge fait une révérence moqueuse.)*

Chaperon rouge
Maman, s'il te plaît, lâche-moi les baskêêt-teu...

La mère, *exaspérée.*
Et vulgaire avec ça ! Bon, ça suffit ! Va te débarbouiller et prends ton petit béret : le fond de l'air est frais... *(Elle lui tend un béret rouge vif, dans lequel Chaperon rouge shoote.)* Je t'en prie, mon poussin, cela fera tellement plaisir à ta pauvre mamie si éprouvée ! *(Chaperon rouge ramasse le béret et s'amuse avec – si possible elle essaie de se l'envoyer sur la tête avec le pied –, se l'enfonce jusqu'aux oreilles pour être tout à fait ridicule.)* Et surtout, fais bien attention en traversant le parc du Bois-Fleuri, ne t'attarde pas et n'adresse la parole à personne. On ne sait jamais, avec toutes ces agressions...

Chaperon rouge
T'inquiète ! *(Elle sort en chantant et en dansant.)* « Promenons-nous dans le bois, pendant que le loup y est pas... »

SCÈNE 2

Chaperon rouge, assise sur un banc,
s'énerve sur un jeu électronique.
Enregistrement du jeu très fort, puis en sourdine.

Chaperon rouge, *grommelant.*
Les courses, c'est la galère !... Et ce Mégamiam, je déteste ! C'est hyper moche ! Si seulement je trouvais un pigeon qui y aille à ma place !

Pétarade de moto : arrivée de Loulou-la-Bécane.

Loulou, *dragueur.*
Salut, beauté ! C'est cool ton truc ! Fais voir ! *(Chaperon rouge arrête le jeu et le cache derrière son dos.)*

Chaperon rouge, *furieuse.*
Bas les pattes, mec ! T'es qui, d'abord ?

Loulou, *« roulant des mécaniques ».*
Tu me connais pas ? Loulou-la-Bécane, la terreur du Bois-Fleuri.

Chaperon rouge, *moqueuse, en aparté.*
Tu parles d'une terreur ! *(Elle se radoucit.)* Dis donc, il est chouettos ton blouson... Tu me le prêtes ?

Loulou, *grand seigneur.*
(En appuyant ridiculement sur le mot.) Si tu veux, pppoupéééé ! *(Il met son portefeuille dans la poche arrière de son jean. Puis il tend son blouson à Chaperon rouge.)* Mais tu me donnes quoi en échange ?

Chaperon rouge, *évasive.*
Pffff... Attends... on verra...

Loulou, *enthousiaste.*
Je t'emmène au cinoche ? Il y a une séance dans une heure...

Chaperon rouge, *soupirant.*
Pas possible ! Faut que j'aille faire des courses au Mégamiam, et puis après que je les apporte à ma

grand-mère. *(Elle voit la moto, en coulisses.)* Trop cool ! C'est à toi, ce super machin ? C'est une quoi ?

Loulou, *solennel.*
Une Harley Davidson, mignonne ! Quatre-vingts canassons entre les pattes ! Ça t'arrache, cette bête-là !

Chaperon rouge, *futée.*
Dis donc ! En fait, si tu as tout ça, tu voudrais pas aller faire les courses à ma place... ? Moi, j'ai horreur de ça !

Loulou, *condescendant.*
OK, ma grande, ça roule ! Passe-moi ta liste, que je t'expédie ça vite fait ! *(Il sort.)* Et après, on va au cinoche... Allez *ciao*, baby... !

Chaperon rouge, *criant vers les coulisses.*
Et fais bien attention aux dates limites de vente... Et te fais pas rouler à la caisse... *(Pétarade de moto. Au public.)* Quelle tache, ce mec ! *(Minaude.)* Mais le blouson, j'adore !

SCÈNE 3

Musique classique, sur laquelle Belle au bois dormant entre sur scène.

Belle au bois dormant, *ensommeillée et effarée, style déclamatoire « mauvais théâtre ».*
Ciel... ! Quel effrayant tintamarre m'a éveillée ? *(Elle fait quelques pas de danse et s'adresse au public.)* Où suis-je ? Où est mon château ? Où sont mes gens ? Et mes

parents bien-aimés ? *(Elle fait un pas de danse par question. Elle aperçoit Chaperon rouge qui l'observe, amusée et surprise.)* Oh ! S'il vous plaît, gracieuse damoiselle, pouvez-vous me dire dans quel étrange lieu je me trouve ?

Chaperon rouge, *imitant sa façon de parler.*
Dans le parc du Bois-Fleuri, belle enfant ! *(D'un ton naturel et moqueur.)* Et où tu vas, déguisée comme ça ? C'est pas encore carnaval, princesse !

Belle au bois dormant, *idem.*
Un bruit étourdissant m'a tirée de mon sommeil. Et j'ai vu disparaître au loin un étrange cavalier enfourchant un surprenant destrier... *(Rêveuse.)* Serait-ce le prince charmant qui doit m'éveiller d'un tendre baiser ?

Chaperon rouge, *riant.*
C'était Loulou-la-Bécane, ma pauvre ! Tu parles d'un prince charmant... ! Et le « surprenant destrier », c'est sa Harley... J'ai pas l'impression qu'il voudra que tu l'enfourches dans cette tenue ! *(Minaude et coquette.)* D'ailleurs, Loulou, c'est moi qu'il kiffe !...

Belle au bois dormant, *éberluée.*
Qu'il... comment dites-vous ? Mon Dieu, je n'entends rien à tout cela... *(Elle gémit.)* Et je sens que je vais avoir mes vapeurs ! Je crois que je vais retourner me coucher... *(Elle s'allonge sur l'avant-scène.)*

Chaperon rouge
Mais oui, mais oui, c'est ça, tu as raison : va-t-en dormir au bois, la Belle !

Musique de plus en plus fort.

SCÈNE 4

Chat botté avance sur la pointe des pieds au rythme de la musique. Il s'arrête pour espionner et pour remonter ses bottes trop grandes. Musique : thème du chat (clarinette) de Pierre et le Loup *repris plusieurs fois.*

Chat botté, *tout essoufflé et très inquiet.*
Bonjour, mademoiselle ! N'auriez-vous pas vu le marquis de Carabas, par hasard ? Il m'a semblé entendre le bruit de son carrosse...

Chaperon rouge
C'est pas vrai ! Je rêve ! J'hallucine ! Mais d'où il sort, celui-là ? *(Elle le contourne en l'observant.)* Toi aussi tu vas au bal masqué ?

Chat botté, *naturel.*
Vous êtes au courant ? Le marquis m'avait effectivement convié à un bal dans son château, mais, comme je vous l'ai dit, j'ai raté le carrosse...

Chaperon rouge, *moqueuse.*
Tu as raté le coche, tu veux dire ! Il y a belle lurette qu'il n'y a plus de carrosses... ni de marquis, d'ailleurs. Et les chats bottés, on n'y croit plus depuis longtemps !

Chat botté, *déçu.*
Ah bon ? C'est dommage !... Je suis désolé de vous avoir

importunée, mademoiselle. Je vais tout de même m'asseoir ici, un petit moment, au cas où il repasserait... on ne sait jamais... *(Il s'assied et se masse les pieds. En aparté.)* J'ai affreusement mal aux pieds avec ces bottes trop grandes... Palsambleu ! Je me suis de nouveau trompé !... Nom d'un rat ! Elles appartiennent certainement à l'ogre : les miennes étaient plus petites et moins usées... *(À Chaperon rouge.)* Je vous en conjure, mademoiselle, si vous voyez un lion... ne lui dites pas que vous m'avez rencontré : j'ai de terribles trous de mémoire et je n'arrive pas à me souvenir d'une fameuse formule magique qui transforme les lions en ogres et les ogres en souris...

Musique en sourdine pendant que Chat botté repart comme il est venu.

Chaperon rouge, *se frappant le front.*
Pauvre vieux, va !

SCÈNE 5

Pétarade de moto. Retour de Loulou, chargé de sacs Mégamiam.

Loulou, *soufflant.*
Dis donc, tu ne te mouches pas du pied, toi, quand tu fais faire tes courses par les autres ! Tiens ! ça fait 48 euros 25.

Chaperon rouge
Merci, mon gros loup ! *(Bisou.)* Tu es un amour ! *(Second bisou.)* Mamie va être ravie !

Loulou, *inquiet.*
Eh ! doucement ! Et mon fric alors ?

Chaperon rouge, *faussement surprise.*
Ah bon ? Je croyais que c'était offert par la maison ?

Loulou, *horrifié.*
Tu débloques ou quoi ? 48 euros 25 ! Il faut que je la pique, moi, la thune ? Tu crois que c'est facile ?... Allez ! Envoie la monnaie !

Chaperon rouge, *faussement candide.*
Mais je n'ai rien, moi !

Loulou, *très en colère.*
Quoi ? Tu veux que je te fasse une grosse tête, moi ? Et d'abord, rends-moi mon blouson !

Chaperon rouge, *coquette.*
Pas question ! Il me va trop bien ! Je le garde !

Loulou
C'est ce qu'on va voir !... *(Il fonce sur elle, mais elle le met K.-O. d'un coup de « savate ».)*

Chaperon rouge, *en se frottant les mains.*
T'as pas honte ? T'attaquer à une pauvre petite fille sans défense ! *(Elle prend la position du « chasseur triomphant » : un pied sur le ventre de sa victime. Puis, avec son pied, elle le retourne pour voir s'il est vraiment K.-O. et sent le portefeuille dans sa poche. Elle le fouille et trouve sa carte d'identité. Ahurie, elle lit à haute voix.)*

Louis-Stanislas Dufond de la Forêt. *(Sarcastique.)* Monsieur Louis-Stanislas Dufond de la Forêt ! Tu parles d'un loubard avec un nom pareil !

SCÈNE 6

Petit Poucet se faufile comme un voleur et s'approche de Chaperon rouge.

Petit Poucet
Salut ! Dis donc, il est pas futé, ton pote ! J'ai squatté l'arrière de sa bécane depuis le Mégamiam jusqu'ici : il m'a même pas vu !

Chaperon rouge
Faut dire que t'es pas bien grand ! C'est quoi, ton nom ?

Petit Poucet
Poucet. Mais, vu ma taille et que j'ai six grands frères super balèzes, on m'appelle « Petit Poucet ». Ça craint !

Chaperon rouge
T'inquiète... Moi, ma grand-mère m'a baptisée « Petit Chaperon rouge » à cause de ce truc infâme ! *(Elle montre le béret.)* Depuis, ça m'est resté !

Petit Poucet, *montant sur le banc et regardant autour de lui.*
C'est pas vraiment mon quartier, ici... Je croyais, vu la dégaine du mec...

Chaperon rouge
C'est quoi, ton quartier ?

Petit Poucet, *un peu évasif.*
Oh... La cité des Pruneaux, de l'autre côté de la ville... Mon père touche plus ses allocs de chômage, alors on a déménagé là-bas. Neuf, on est, dans une seule pièce, j'te dis pas... Et rien dans les gamelles, avec ça... C'est pour ça que mon père, il a dit à ma mère d'essayer de nous paumer dans l'hypermachin Mégamiam... I s'sont sûrement dit que, tout seuls, on aurait plus de chance de s'en tirer !

Chaperon rouge
Et alors, après ça, tu veux retourner là-bas quand même ?

Petit Poucet
Eh oui, ma vieille ! *(Il saute du banc, plein d'enthousiasme.)* Mes frangins ont trouvé un plan d'enfer : ils ont rencontré toute une bande, sept mecs et leurs copines... Ils tapent sur des bidons, ils font du hip-hop derrière le Mégamiam... C'est trop génial ! Y a un monde dingue et tous leur filent du fric, plein, plein !... Il faut que je prévienne mes vieux ! Comme je les connais, ils doivent déjà se faire une de ces biles pour nous !

Chaperon rouge
Ça me branche un max, ton truc ! Si j'avais su, j'aurais fait mes courses moi-même pour aller les écouter ! Pourquoi il m'a rien dit, ce gros naze de Loulou-la-Bécane ?

Petit Poucet, *moqueur.*
Il pouvait pas voir : il avait garé sa Harley dans le parking des bourges ! Pourtant, il a pas l'air, quand on le regarde...

Chaperon rouge
Tu parles ! Monsieur s'appelle Louis-Stanislas Dufond de la Forêt !... *(Elle glousse.)* Remarque, peut-être qu'il l'a vraiment piquée, sa bécane, et il se méfie de ses collègues ! Mais, dis donc, les boss de Mégamiam, ils râlent pas ? Ça doit faire un sacré raffut, votre concert ?

Petit Poucet
Penses-tu ! Trop contents ! Ça attire du peuple ! Pas tous des clients, c'est sûr, mais les autres loulous, pendant qu'ils s'éclatent, ils piquent pas les auto-radios dans les bagnoles !...

Chaperon rouge
Tu sais par où c'est, ta cité ?

Petit Poucet
Non, pas vraiment... Je vais chercher... Je suis assez futé pour ce genre de choses. Et puis, à Mégamiam, j'ai trouvé un GPS qu'était... euh... tombé d'un rayon. Avec ça, j'crois que j'vais m'en tirer !

SCÈNE 7

Arrivée du grand frère, très inquiet.

Grand Frère
Mais qu'est-ce que tu fais là ? On balise à mort là-bas !

Petit Poucet
Ah c'est toi ! Eh ben… J'étais perdu ! Je te présente Chaperon rouge : elle est trop cool !

Grand Frère
Salut Chap' rouge ! Tu viens avec nous ? On s'éclate un max derrière le Mégamiam…

Chaperon rouge
Non, désolée… Je dois aller chez ma grand-mère, elle m'attend.

Grand Frère
Dommage ! Une autre fois, peut-être ?

Chaperon rouge
Oui, oui, avec plaisir !

Petit Poucet, *à son frère, en exhibant son GPS.*
T'as vu ce truc, c'est hyper génial !

Grand Frère
Dis donc… !! Mais c'est un GPS ? C'est trop la classe ! Tu l'as pris où ?

Petit Poucet, *très fier.*
T'inquiète : cadeau ! C'est tout de même plus pratique que les petits cailloux, tu trouves pas ?

Petit Poucet et Grand Frère, *cafouillant.*
Salut, Béret rouge !… Euh ! Chapeau rouge… Euh, allez à plusss !!

Chaperon rouge
Ouais, salut les mecs ! Et bonne chance !

Les deux garçons sortent en étudiant le GPS.

SCÈNE 8

Restent sur scène Chaperon rouge, Loulou K.-O. et Belle au bois dormant endormie sur l'avant-scène. Perrault fait son entrée, très théâtral, un rouleau de papier (type parchemin) à la main. Il trouve le béret de Chaperon rouge par terre et le ramasse. Musique du XVIIe siècle (type Lully), decrescendo puis en sourdine.

Perrault, *surpris.*
Tiens, tiens, tiens... Voyons donc... Mais cela me rappelle... *(Il voit Chaperon rouge.)*
Ah ! Je vous trouve enfin, petite péronnelle !
Et pourquoi, je vous prie, abandonner ainsi
Ce charmant attribut qui vous faisait si belle ? *(Il lui tend le béret.)*

Chaperon rouge
Voilà autre chose ! Ce machin, ça craint un max ! *(Elle se l'enfonce sur la tête.)* Tous les copains se fichent de moi ! *(Agressive.)* Et d'abord, de quoi je me mêle ? Qui vous êtes, vous, pour me faire la morale ?

Perrault, *pompeux.*
Je suis Perrault, donzelle, et c'est moi qui vous fis
Afin que des enfants vous fussiez le modèle.

Chaperon rouge
Eh ben dis donc, c'est plutôt loupé ! Mais d'où vous sortez dans cet accoutrement ?

Perrault fait un grand geste circulaire du bras sur le premier vers et manque donner un coup à Chaperon rouge, qui esquive.

Perrault, *d'une voix caverneuse.*
Du fond de mon tombeau, où, depuis trois cents ans,
Je rugis, je fulmine, je tourne et me retourne
Face à l'infâme usage que tous ces manants *(Montrant les spectateurs.)*
Avaient fait de mes contes qu'ils déforment et détournent !
(Il déroule son parchemin et trébuche sur Loulou.) Quel est ce tas de chair à vos pieds étalé ?

Chaperon rouge, *bredouillant.*
Euh... c'est Loulou...

Perrault, *scandalisé.*
Le loup ? Mais, juste ciel, il devait vous manger !

Chaperon rouge, *faisant la révérence et imitant le ton de Perrault.*
Vous êtes bien trop bon... J'ai préféré changer,
Et, comme vous voyez, je l'ai ra-ta-ti-né...

SCÈNE 9

Chat botté revient. Musique du chat en sourdine.

Chat botté, *très poliment.*
Excusez-moi, monsieur... Peut-être sauriez-vous où est le marquis de Carabas, que je cherche depuis fort longtemps...

Perrault, *horrifié.*
Le Chat botté ! Maraud ! Mais que faites-vous là ?
Filez dans votre conte, et n'en ressortez pas,
Sinon je prends ma plume et, sans autre procès,
Je vous confie à l'ogre qui saura vous mater !

Chat botté
Monsieur, je ne voudrais pas être grossier ni vous vexer... mais j'ai justement pris par mégarde ses bottes de sept lieues. Euh... je crois qu'elles sont un peu usées et ne fonctionnent plus très bien ! Il semblerait que, au lieu de me faire avancer dans l'espace, elles m'ont fait avancer dans le temps ! C'est un peu gênant... et je pense que c'est pour cela que je suis ici...

Chaperon rouge, *moqueuse.*
Eh ben, patate ! T'as qu'à les mettre à l'envers et tu retourneras chez toi !

Chat botté
Mais c'est une excellente idée ! Je vais essayer de les enfiler à l'envers... Cette jeune personne me semble pleine de bon sens... si je puis me permettre le jeu de mots...

Il enlève ses bottes et essaie de les mettre à l'envers.

Perrault
Allons, filez, vous dis-je, bavard impénitent,
Vous étiez bien trop sot pour quitter votre temps !

Chat botté file en trébuchant et en perdant ses bottes, poursuivi par Perrault qui heurte Belle au bois dormant endormie sur l'avant-scène.

Belle au bois dormant, *se réveillant en sursaut.*
Est-ce vous, ô mon prince ? *(Se tournant vers Chat botté.)* Mais... attendez... venez... venez m'embrasser...

Perrault, *furieux.*
Taisez-vous donc, oisell(e) ! Voilà bien des années
Que de valeureux princes, pour vous éveiller,
Vinrent du bout du monde, au péril de leur vie...
Mais, molle créature, paresseuse endormie,
Vous ne daignâtes pas soulever la paupière :
Ils partirent donc tous et vous abandonnèrent !

Belle au bois dormant, *pleurnichant d'une façon très théâtrale, puis apercevant Loulou, qui revient péniblement à lui et essaie de se lever en s'aidant du banc, mais retombe lamentablement.*
Mais le voici ! C'est lui, c'est mon prince charmant ! Je le reconnais !

Perrault
C'est le loup, pauvre enfant ! Estimez-vous comblée

Que votre conte à vous se termine en beauté...
Et veuillez, je vous prie, bien vite y retourner
Avant que celui-ci ne vous ait consommée...

Chaperon rouge, *protectrice.*
T'inquiète pas, princesse, je suis là !

Perrault
Quant à vous, belle enfant, je vous reprends en main !
Manières de truands, langage de vilain :
Où est la douce enfant imaginée un jour *(Il brandit le parchemin.)*
Pour l'édification des jeunes de la cour ?
Ramassez vos paquets, courez chez mère-grand :
Il y a trop longtemps que là-bas elle attend !

Chaperon rouge, *sarcastique.*
Moi je veux bien, mais si c'est ce loup-ci que vous m'envoyez, je ne réponds de rien !

Elle sort de scène en sifflotant effrontément
Promenons-nous dans les bois.
Loulou essaie toujours désespérément
de se mettre sur ses pieds.

Perrault, *à Loulou.*
Debout, sot freluquet ! Vous devriez déjà
Avoir de la grand-mère fait un petit en-cas...

Loulou, *complètement ahuri.*
Hein ? Quoi ?... Oh ! que j'ai mal !... La grand-mère ?

Quelle grand-mère ? *(« Réalisant » enfin.)* Ah oui !... Mais moi, c'est Chaperon rouge que je kiffe !

Il parvient enfin à se lever.

Perrault
Eh bien ! Qu'attendez-vous pour courir sur ses pas ?
Je vous l'avais offerte, et ne dénierai pas...
Mais, de grâce, soyez un peu plus audacieux,
Car cette enfant me sembl(e) n'avoir pas froid aux yeux !

Loulou
O.-K., patron ! Vous en faites pas, patron, cette fois je s'rai à la hauteur, patron !

Il sort en boitant.

SCÈNE 10

Peau d'Âne arrive en courant, très inquiète et très essoufflée.
Éventuellement, musique du film Peau d'Âne *en sourdine.*

Peau d'Âne
Monsieur !... Je vous en prie,
Pouvez-vous m'abriter ?
Mon père me poursuit :
Je ne sais où aller.

Perrault, *très surpris.*
Peau d'Âne, mon chef-d'œuvre, vous ma préférée !

Vous, que le roi enfant lui-même réclamait
Avant de s'endormir, le soir à la veillée !
Que diantre faites-vous parmi ces roturiers ?
Vous, une princesse de si haute lignée...

Peau d'Âne, *furieuse.*
Une princesse ? Parlons-en !
Qui daignerait le croire dans cet accoutrement !...
Ainsi c'est vous, Perrault, le misérable auteur
À qui je dois tous mes malheurs !...
(Désespérée.) Quant à moi, je ne suis rien qu'une vagabonde,
Qui tous les soirs cherche un abri :
Tantôt un vieux grenier, tantôt une écurie,
Quelquefois la forêt profonde,
Dont il me faut cueillir les fruits
Lorsque les villageois me refusent le pain
Qu'humblement quémande ma main...

Perrault, *compatissant.*
Pauvre enfant ! Et pourtant, j'avais imaginé
Pour vous la plus merveilleuse des destinées ! *(Il consulte rapidement son parchemin.)*
Vous eussiez dû régner sur deux vastes pays,
Avec, à vos côtés, le plus doux des maris...

Peau d'Âne, *en gémissant.*
Hélas ! Pourquoi, alors, fîtes-vous votre conte
De telle sorte que l'on crût
Que je voulais – oh ! quelle honte !
L'étouffer de ma main, lui que, à peine vu,

Déjà j'aimais de tout mon cœur ?
(Furieuse et sarcastique.) Si je suis votre préférée,
Dites-moi comment vous traitez
Ceux de vos personnag(e)s qui n'ont pas le bonheur
De profiter de vos faveurs ?

Perrault
Mais pourquoi, pourquoi n'avez-vous pas épousé
Ce délicieux prince qui vous attendait ?

Peau d'Âne, *amère.*
Pourquoi ? Vous souvenez-vous de l'anneau
Que je devais laisser tomber
Dans la pâte de son gâteau ?
Dans le conte, vous dites : « Il faillit l'avaler. »
Mais vous ne pensiez pas que le pauvre garçon
Était à jeun depuis trois jours...
Il dévora comme un glouton
Et l'émeraude se coinça
Dans sa gorge et l'étouffa...
On me chassa honteusement
Et, n'osant retourner au château de mon père,
Depuis ce triste jour, inconsolable, j'erre...
(Hors d'elle.) Et voilà le destin clément
Que vous réserviez à votre « préférée » !...

Elle s'écroule en pleurant sur le banc... Elle va finalement s'y endormir. Perrault s'installe sur la chaise et commence à écrire sur son parchemin, avec une plume d'oie qu'il a sortie de ses chausses (ou de son chapeau, selon le costume choisi.)

Musique de Perrault.

SCÈNE 11

Arrivée, en marche arrière, de Petit Poucet, qui sifflote, toujours le nez sur son GPS.

Petit Poucet
Cette fois, je suis complètement paumé ! J'ai même paumé mon frangin... Tiens, mais, ici, je reconnais ! Zut, zut, zut ! J'ai tourné en rond ! *(Il voit Perrault qui écrit sur son parchemin et rit de bon cœur.)* Pfff ! Vous êtes marrant, vous ! Vous êtes aussi chanteur ?

Perrault
Que non, mon jeune ami, je ne suis pas chanteur !
Mais je fus, autrefois, un illustre conteur...
Et aujourd'hui je vois qu'il faut, vaille que vaille,
Et sans tergiverser, me remettre au travail
Car cette pauvre enfant ne sait plus où aller... *(Il montre Peau d'Âne.)*

Petit Poucet, *en rap.*
Eh ! dites, c'est super, comment que vous causez !
Pourquoi qu'avec mes pot's, vous n'allez pas raper ?

Perrault
Vous êtes amusant et me faites songer
À un Petit Poucet que j'avais inventé
Et qui s'était perdu...

Petit Poucet, *lui coupant la parole, enthousiaste.*

Ouais ! C'est tout moi, ça ! Je m'appelle Poucet et je suis complètement paumé ! C'est marrant que vous ayez deviné ! *(Il montre son GPS.)* S'i-ou-plaît, je m'en sors pas avec ce truc... La cité des Pruneaux, c'est bien par là ?

Perrault
Hélas, moi, vous savez, toutes ces inventions...
Pourquoi ne prenez-vous des bill(e)s ou des bonbons ?...
Vous voulez, je présum(e), retrouver vos parents
Car vous avez trouvé un trésor important...

Petit Poucet
Génial ! Vous êtes sorcier, ou quoi ?... Bon, c'est pas tout, mais... à propos de parents... C'est vrai qu'il faut que je retourne chez eux... I doivent se faire un de ces mourons !... *(Il sort.)*

SCÈNE 12

Perrault rature son parchemin, écrit, puis va réveiller Peau d'Âne avant de se replonger dans ses corrections pendant la tirade qui suit.

Peau d'Âne, *bâillant et s'étirant.*
Ah ! J'suis trop dans l'gaz ! Je suis carrément vannée, moi, moulue, lessivée ! *(Elle semble tout ahurie et parle en remontant à la fin de chaque phrase sur le « moi ».)* Mais, qu'est-ce qui m'arrive, moi ? Et comment que je cause, moi ? En fait, je crois bien que je suis tout à fait déphasée, moi ! *(À Perrault.)* Oh ! Mais dites donc, vous, je vous ai déjà vu quelque part, non... ? *(Elle réfléchit.)*

Ouais, ouais, je me rappelle... Pfoûoûh !... Que c'est loin, tout ça...

Perrault
Venez, douce princesse, j'ai tout arrangé ! *(Il lui montre le parchemin.)*
Le prince n'est plus mort, je l'ai ressuscité !
Vous pouvez regagner le somptueux château
Où vous aurez beaucoup d'enfants riches et beaux.

Peau d'Âne, *en rap.*
Excusez-moi, m'sieur, moi j'en ai plus envie !
Le prince, le château, tous vos machins m'ennuient.
Moi, je trouve qu'ici c'est bien plus *exciting*,
Et je vais, moi aussi, raper près du parking !

Elle sort en dansant.

Perrault
Eh bien, si c'est ainsi, à la grâce de Dieu !
Je ne puis rien pour toi, si rester est ton vœu...
J'ai peur aussi, hélas, d'avoir été sévère
Pour ce Chaperon rouge et sa vieille grand-mère,
Et je vais sur-le-champ voir ce que je peux faire...

SCÈNE 13

La grand-mère entre, en fureur, appuyée sur une béquille et portant une valise. Chaperon rouge la poursuit et essaie de la calmer.
Perrault, bousculé, se réfugie sur le banc.

En coulisse, l'équipe fredonne, sur l'air de L'Eau vive *:*
« Ma grand-mère fait du judo,
Elle a sa ceinture noire », etc.

La grand-mère
Non, non et non ! Je ne resterai pas une minute de plus avec cet individu !

Chaperon rouge
Mais, Mamie, puisque je te dis qu'il n'est pas méchant ! En fait, il est tout au plus un peu idiot !

La grand-mère
Pas méchant ? Pas méchant ? Il pénètre chez moi quasiment par effraction en prétendant être un de tes amis, me vide complètement mon frigo avant de s'attaquer à mon bar ! Et, le temps d'aller refaire ma compresse d'arnica, je le retrouve ivre mort dans mon lit ! Et ce n'est pas « méchant », ça ?

Chaperon rouge
Enfin ! ce n'était pas une raison pour liquider tout le contenu de ta bombe paralysante sur lui et de téléphoner aux flics !...

La grand-mère
Taratata ! On ne prend jamais assez de précautions avec ces énergumènes...

Chaperon rouge
Et où tu vas comme ça, avec ta valise et ta béquille ?

La grand-mère
Moi ? *(Elle détache bien ses mots.)* Je retourne chez ma fille ! J'ai d'ailleurs à lui parler un peu de ton éducation !...

Elles sortent, la grand-mère en boitant, Chaperon rouge en faisant des grimaces effrontées derrière son dos. Perrault reprend son parchemin et barre ostensiblement... Musique de Perrault en sourdine et de plus en plus faiblement.

Perrault
Je vois que, là aussi, les chos(e)s ont bien changé !
Tant pis ? Tant mieux ? Qu'y faire ?... Quant à moi, je m'en vais
(Très lentement, d'une voix caverneuse.) Retourner au sépulcr(e)... Laisser le temps passer
Et mes contes vieillir ou... être remaniés...

Il jette solennellement le parchemin par-dessus son épaule et s'en va, très abattu.

SCÈNE 14

Tous les comédiens (sauf Perrault) reviennent sur scène et chantent (éventuellement en « bougeant » selon la personnalité de leur personnage) accompagnés par un musicien ou, à défaut, par un fond sonore, sur l'air de Z'avez pas vu Mirza *de Nino Ferrer (1965).*

Tous les personnages (sauf Perrault), *s'adressant au public, en face, à droite puis à gauche.*

Z'avez pas vu Perrault ? Oh la la la la la !
Z'avez pas vu Perrault ? Oh la la la la la !
Z'avez pas vu Perrault ? Oh la la la la la !
(Ils s'interrogent mutuellement.) Où est donc passé Perrault ?
On le cherche partout. *(Mains au-dessus des yeux, ils font mine de chercher.)*
Où est donc passé Perrault ?
Il doit reprendre tout...
Où est donc passé Perrault ?

Perrault fait une entrée timide puis s'enfuit, effarouché par tout ce tintamarre.

Oh yeah, ça y est le voilà ! *(Ils lui font signe de la main.)*
Peux-tu venir ici, on a besoin de toi !
Peux-tu venir ici ? Reviens de l'au-delà.
Peux-tu venir ici ? Oh yeah, ne nous laisse pas !
(Même jeu)
Où est donc passé Perrault ? On le cherche partout...
Où est donc passé Perrault ? On va reprendre tout.
Où est donc passé Perrault ?
Oh yeah, il est reparti ! *(Geste de regret et d'impuissance.)*
Peux-tu venir ici ?

Perrault reste en coulisse, derrière le rideau et laisse juste passer sa main pour faire signe que « non », avec beaucoup d'autorité !

Oh ! Ne te fâche pas...
Peux-tu venir ici ? Oh yeah, i' n' nous entend pas...

Peux-tu venir ici ? Oh yeah, i' n' reviendra pas...

Perrault revient dans un coin de la scène pour faire, avec son chapeau, un grand salut théâtral... et y laisse sa perruque avant de partir pour de bon.)

Peux-tu venir ici ? Oh yeah : parti pour l'au-delà...

Ils font de grands signes d'adieu et sortent en dansant.

RIDEAU